EL CASO DE LAS AUTOESTIMULACIONES SENSACIONALES

POR ERIN GARCÍA

ILUSTRACIONES DE CHRISTIAN BAJUSZ

TRADUCIDO POR MARTÍN PALAVICINI

El Caso de las Autoestimulaciones Sensacionales

Derechos de autor 2021 por Sensational Tiger Productions. Todos los derechos reservados.

Primera edición: Mayo del 2021

Sensational Tiger Productions

ISBN (paperback): 978-1-7338564-9-2
ISBN (hardcover): 978-1-7373184-0-8

Formateado por Streetlight Graphics
Diseñado por Ashlyn Garrett

Este libro o parte del mismo no puede ser reproducido, escaneado, distribuido o copiado sin permiso. Por favor no participe o incite la piratería de los derechos de autor de estos materiales. Gracias por respetar el arduo trabajo de esta autora.
El mismo es un trabajo de ficción. Los nombres, personajes, lugares e incidencias son todos parte de la imaginación de la autora o son usados de forma ficticia. Cualquier parecido con lugares, eventos, establecimientos comerciales o personas -vivas o muertas- es pura coincidencia.

Dedicado a nuestros amigos autoestimuladores y sus aliados que buscan comprenderlos y apoyarlos.

En honor a aquellos que fueron o son agredidos por sus necesidades sensomotrices. Los queremos mucho, trabajaremos para educar y concientizar al mundo.

Cuando ves una lupa como esta en una página, significa que hay una pista adicional para ayudar a nuestros personajes a resolver el misterio. Para leer más sobre la pista, vaya a las páginas 26 y 27.

¡Hola! Mi nombre es Josecito. Tengo siete años y me encanta jugar. Planeo ser un experto en animales cuando sea grande. También soy autista, lo que es asombroso. **Esto significa que experimento el mundo de una forma única.**

Mis sentidos son extra sensibles. Esto es una de las cosas más facinantes del autismo. Pero, también puede ser un desafío el sentir tantas cosas de manera tan intensa. Noto muchas cosas insignificantes que otras personas tal vez no. Mi mamá llama estas cosas información sensorial. Este notar no es opcional, es simplemente la manera de la cual experimento las cosas. La autoestimulación me ayuda a aliviar esa tensión sensorial.

La autoestimulación es cuando uso mi cuerpo en lugar de mis palabras para expresar mis sentimientos.

Si trato de detener mis stims, siento que la presión se acumula dentro de mí como si fuera a estallar. Mi cuerpo sabe cuándo necesito estimular.

Soy muy sensible al sonido, así que cuando el ruido me molesta, suelo agitar las manos.

Pero también aleteo o muevo mis manos cuando estoy contento. A veces las autoestimulaciones pueden parecer similares pero significan cosas diferentes.

Yo debo autoestimularme para estar feliz y seguro. Para mi hermana, Elisa, no es lo mismo. Por ejemplo, ella enrula su cabello cuando se concentra pero para de hacerlo cuando lo desea. Ella maneja sus emociones de otras formas. Así es ella. No necesito enrular mi cabello cuando me concentro.

De todas formas, mi pasión son los hipopótamos. ¡Los quiero muchísimo! Estoy escribiendo datos sobre hipopótamos y luego a jugar con Elisa. ¡Nos divertimos mucho juntos!

Mi mamá me compró un libro nuevo sobre hipopótamos y una lámpara nueva para leerlo con ella. ¡Estoy listo!

¡Josecito! ¡Necesito tu ayuda! Este rompecabezas es realmente difícil. Tengo problemas para armarlo. Tú eres muy bueno en esto.

Espera — ¿Por qué Josecito está haciendo un autoestímulo?

¡Es tan alto! ¡Necesito ayuda, pero parece que no puedo explicar lo que necesito!

Hacer Hoy:
- ☐ Terminar de escribir mis datos sobre hipopótamos
- ☐ Jugar con mi hermana

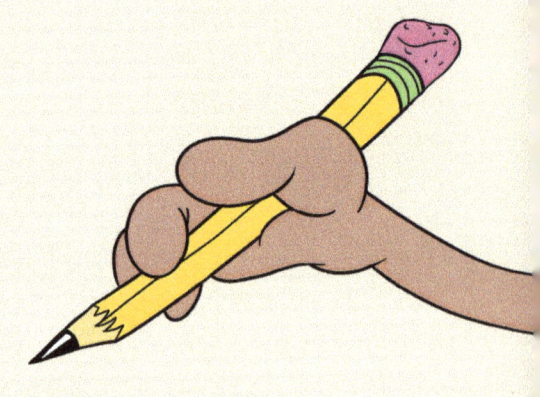

¡Josecito está molesto! ¡Tiene su libro nuevo sobre su animal favorito y su nueva lámpara! ¡Debería de estar contento! Esto es un misterio. Para resolver este caso y ayudar a mi hermano, debo usar mis sentidos, como mis ojos y mis oídos y, sobre todo, mi corazón.

Aunque está molesto, Josecito no está haciendo algo que lo lastime. Este es un estímulo seguro. Tengo algo de tiempo para resolver esto mientras mamá nos prepara la cena. ¡Elisa al rescate!

En el escritorio de Josecito veo un libro abierto sobre hipopótamos. No puede ser un problema porque son sus favoritos.

Les gustan más que las iguanas azules.

Más que los pangolines.

¡Incluso más que los LÉMURES DE COLA ANILLADA!

¡Es casi la hora de cenar y Josecito todavía está molesto! Veamos. A veces, Josecito se molesta cuando hay muchos ruidos.

¡Este ruido! Mi cuerpo no se siente bien para nada. No quiero decepcionar a mi hermana. También necesito ayuda para terminar de escribir los datos de los hipopótamos.

Estoy abrumado.

Mmm.. Veo que Josecito se movió lejos de su escritorio...y de la lámpara nueva que mamá le compró ayer.... ¡Oh, la lámpara hace un zumbido!

No lo escuché al principio pero ahora me está irritando a mi también. Apaguémosla. Ahí está. ¡El zumbido se fue!

¿Cómo puede ser que no escuches ese ruido?

¡¡¡Es explosivo!!!

¿Pero por qué ese zumbido?

¡Espera! ¡Mamá está haciendo la cena y ella está usando el microondas!

En la clase de ciencias nos dijeron que los electrodomésticos como los microondas pueden provocar un zumbido cuando ciertos tipos de luces están encendidas al mismo tiempo. Se llama interferencia electromagnética.

Tomemos un descanso. Puedes escribir tus datos sobre hipopótamos aquí cerca de esta lámpara incandescente silenciosa. ¿Te sientes un poco mejor?

¿Qué pasa Josecito? ¿Veo un aleteo de autoestimulación feliz?

¡Sí! ¡Deshacerme de ese ruido fue exactamente lo que necesitaba! Terminé mis escritos y descansé bien.

Yo sé que te gusta cuando te ayudo con ellos pero las piezas del rompecabezas no son para mí. Espero que no te enojes pero aquí está lo que te hice.

¿Un Pegaso? ¡Qué bueno!

¡Me encanta!

¡Ya me lo imaginaba! ¡Están en todos tus juguetes, libros y dibujos! Podemos compartir este Pegaso. Nos pertenece a los dos como las piezas de tu rompecabezas.

Aunque somos diferentes, siempre podemos ayudarnos unos a otros.

¡¡¡Ahora vamos a jugar!!!

Traducción de Lupas

Página 3 - Todas las cosas que oye, toca, saborea, huele y ve se llama información sensorial. Cada persona experimenta la entrada sensorial de manera diferente.

Las personas neurodiversas como Josecito a menudo no pueden "desconectarse" de la información sensorial como lo hacen sus pares neurotípicos. Los oídos de Josecito funcionan tan bien como los de su hermana neurotípica, pero su cerebro no puede ignorar la información que ve, huele, oye, saborea o siente. A veces, la información sensorial puede ser tan abrumadora que provoca sentimientos extremos como angustia o pura alegría.

Páginas 4 y 5 - Las personas pueden ser de búsqueda sensorial, evitación sensorial o ambas cosas. ¡Conocer tus propias necesidades sensoriales es muy provechoso!

Hay muchas herramientas como audífonos con cancelación de ruido, masticables, hilanderos, masilla y chicle para ayudar a las personas a estimular. Hay muchas formas diferentes de estimular porque todos tienen necesidades diferentes. ¿Utilizas alguna vez herramientas que le ayuden a estimular o calmar sus sentidos?

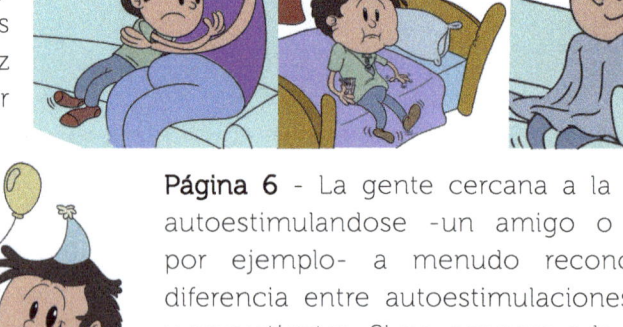

Página 6 - La gente cercana a la persona autoestimulandose -un amigo o familiar por ejemplo- a menudo reconocen la diferencia entre autoestimulaciones felices y angustiantes. Si no conoces a la persona muy bien, déjala autoestimular siempre que sea seguro. Es una forma importante de expresar sensaciones o emociones.

Traducción de Lupas

Página 7 - Hay muchas formas de autoestimularse porque cada persona tiene necesidades diferentes. Pero no todos se autoestimulan. ¿Tú te autoestimulas alguna vez?

Página 10 - Si una persona no puede manejar su información sensorial de una manera útil, puede ser tan abrumador que lo lleve al agotamiento o al colapso. Cuando ocurre una sobrecarga sensorial, es posible que una persona no pueda expresar sus sentimientos con palabras. Si alguien está enojado o molesto, es mejor encontrar formas de consolar a la persona o eliminar el factor estresante si es posible. Dale siempre tiempo a la persona que hace la estimulación para procesar la sensación. Puedes hablar de ello más tarde, después de que haya tenido tiempo de recuperarse.

Página 19 - A veces, las luces fluorescentes pueden hacer un zumbido cuando las usas, especialmente cuando un electrodoméstico está siendo utilizado en simultáneo. El sonido que es producido puede sentirse como una tortura para las personas sensibles a los sonidos. Estos sonidos son solo un ejemplo de la información sensorial que puede afectar profundamente a una persona pero que no es un problema para otra menos sensible

Sentimientos

Nombrar tus sentimientos con precisión es importante para comprender tu forma de pensar actual. Si quieres entenderte a tí mismo, es importante llamar a un sentimiento por su nombre propio. Los sentimientos no son ni correctos ni incorrectos, y nunca duran para siempre. Es fundamental sentir el sentimiento por completo, incluso si es un sentimiento de malestar. Tómate el tiempo para nombrar lo que sientes y luego piensa por qué podría sentirte así.

IRA

Agravado	Irritado, Enfadado
Amargo	Resentido, Sentimientos negativos críticos hacia las acciones de otra persona o las tuyos propios
Falta de respeto	Ser tratado con rudeza / sin consideración
Frustrado	Derrotado / Incapaz de alcanzar el(los) deseo(s)
Furioso	Enfurecido, Indignado
Hostil	Agresivo, Bélico
Humillado	Avergonzado, Juzgado
Loco	Furioso
Molesto	Disgustado, Exasperado
Traicionado	Fracasado, Engañado
Violado	Desobedecido, Traicionado, Agraviado

DESCONECTADO

Aburrido	Indiferente, Independiente
Apático	Desinteresado
Apresurado	
Cansado	Fatigado, Drenado
Confundido	En una niebla, Desconcertado, Perplejo
Desenfocado	Incapaz de concentrarse
Estresado	Cargado
Ocupado	Demasiado preocupado
Somnoliento	Lento, Somnoliento

CONTENTO

Aceptado	Creído, Bienvenido, Entendido
Asombrado	Perplejo, Aturdido
Calmo	Pacífico, Relajado
Contenido	En paz, sin problemas
Curioso	Lleno de preguntas o asombro, Interesado
Empoderado	Lleno de habilidad y / o fuerza
Emocionado	Ansioso, Entusiasta, Regocijado
Juguetón	Animado, Alegre
Sensible	Consciente, Perceptivo

Sentimientos

Utiliza esta página para ayudarte a nombrar tus sentimientos con precisión. Estos son solo algunos sentimientos y no todas las definiciones están enumeradas. Si reflexionas sobre tus sentimientos, puedes notar patrones de cuándo, por qué y cómo surgen sentimientos particulares y esto podría ayudarte a entenderte mejor a ti mismo.

ASQUEADO

Aterrorizado	Desagradable, Muy malo
Avergonzado	Incómodo, Inaceptado
Decepcionado	Desilusionar, Entristecido
Desaprobar	Crítico, Mordaz
Dubitativo	Dudoso, Incierto
Entumecido	Desensibilizado
Horrorizado	Conmocionado
Insensible	Entumecido, Sin sensibilidad
Juicioso	Decidir si algo / alguien es bueno o malo
Rebelde	disgustado, Sorprendida por

TRISTE

Abandonado	Rechazado, Varado
Arrepentido	Apenado Lastimoso
Avergonzado	Lleno de remordimiento, Incómodo, Inaceptado, Inquieto
Culpable	Responsable de algo malo
Desesperado	Angustiado, Miserable
Decepcionado	Alicaído, Molesto
Deprimido	Infeliz
Dolido	Lleno de tristeza por una pérdida
Herido	Mental, física o emocionalmente
Horrorizado	Repelido, Conmocionado
Solitario	Aislado
Vacío	Sin energía, sin valor
Victimizado	Engañado, Agraviado
Vulnerable	Desprotegido, Inseguro

TEMEROSO

Abrumado	Devastado
Ansioso	Preocupado
Amenazado	Intimidado, Bajo ataque
Asustado	Soprendido
Débil	Frágil, Enfermo, Sin fuerza
Excluidos	Dejados afuera
Expuesto	Abierto a críticas, Vulnerable
Inadecuado	No lo suficientemente bueno
Indefenso	Débil, Vulnerable
Inseguro	No sentirse seguro
Perseguido	Castigado injustamente, Victimizado
Preocupado	Perturbado, Preocupado
Retirado	Distante, Reservado, Silencioso
Rechazado	Considerado inadecuado / no suficientemente bueno / incomprendido
Tenso	Nervioso

Situaciones Abrumadoras y Como Enfrentarlas Eficazmente

Agotamiento (Burnout) Un estado de agotamiento emocional, físico y/o mental causado por estrés excesivo y / o prolongado. El agotamiento impide que una persona logre las metas deseadas y/o las tareas necesarias. Ocurre cuando una persona se siente abrumada, emocionalmente agotada y/o incapaz de satisfacer demandas constantes. Las causas del agotamiento varían debido a muchos factores, como las necesidades sensoriales, el estilo de vida y el sistema de apoyo. Para evitar el agotamiento, es importante tomarse un tiempo para descansar y recargar energías después de hacer algo exigente.

Colapso (Meltdown) Una respuesta intensa a circunstancias abrumadoras: una pérdida total del control de la conducta. Un colapso es un mecanismo de afrontamiento involuntario después de que el sistema o los sistemas de uno se abruman con información sensorial y/ u otros factores estresantes. La autoestimulación puede ayudar a prevenir las crisis nerviosas.

Si quieres ser un aliado de alguien que experimenta la angustia de un colapso, dale privacidad, un lugar seguro y nunca lo filmes. Déjalo pasar y no dejes que te expliquen la situación mientras está sucediendo. Hablar puede ser una opción después de haber tenido suficiente tiempo para descansar y recuperarse, si la persona está dispuesta y es capaz.

Una crisis nerviosa no es lo mismo que una rabieta y estos términos nunca deben usarse indistintamente.

Berrinche En contraste con un colapso, es un comportamiento consciente y voluntario realizado con el propósito de manipular a otro para obtener una recompensa específica. Aunque a veces pueden parecer similares, conocer la diferencia entre una rabieta y un colapso es crucial para ayudar adecuadamente a las personas con sus necesidades únicas.

Regulación Manejar la información sensorial de una manera que ayude a una persona a vivir una vida feliz y saludable y a prevenir el agotamiento y/o colapsos. Todo el mundo tiene una forma única de regularse/realinearse /conectarse a tierra. Hay una variedad de formas de regular el cuerpo, incluida la autoestimulación, pero otras se enumeran en la página siguiente.

Mecanismos de Autoayuda Eficaces

Siéntese
Descanse

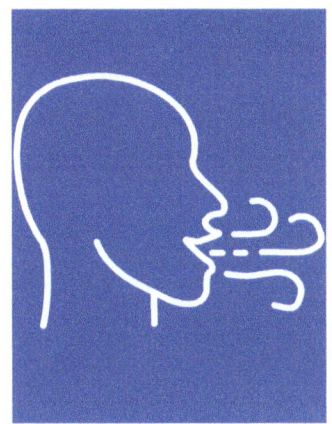

Respire
Pon una mano sobre tu corazón y una mano sobre tu vientre.

Recuerde
que no se encuentra en una emergencia y reducir la velocidad está bien.

Conéctese
Concéntrese en sus sentidos e intente nombrar las cosas que puede oler, saborear, ver, tocar y / o oír.

Cuente
Ir hacia atrás o hacia adelante en múltiplos es una forma de reenfocar su mente.

Honre
¡Reconozca cómo se siente y que es una persona increíble!

Neurotipos

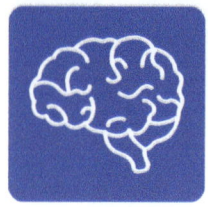

Neurología La forma en que funciona o está conectado un cerebro para interpretar el mundo. Todas las personas nacen con una neurología / neurotipo específico.

Neurotypical (NT) El neurotipo de las personas que no son neurodiversas.

Neurodivergente (ND) El neurotipo de las personas que no son neurotípicas. Este término se usa a menudo para personas autistas, pero también se puede usar para otras personas que no son autistas, pero que aún son neurodivergentes. ND se refiere a una variación única en la forma en que el cerebro procesa la información en comparación con el procesamiento neurotípico.

Alista (Allistic) Una persona neurodiversa que no es neurotípica, como una persona con TDAH o dislexia, pero que no es autista.

Autismo Una diferencia neurológica en comparación con los cerebros neurotípicos que afecta la forma en que las personas perciben el mundo, piensan, se comunican y se mueven. Mucha gente prefiere el término "autista" en lugar de "tener autismo" o "persona con autismo". Esto se debe a que describe la neurología de uno, que afecta a todos los aspectos de la vida. "Tener autismo" puede hacer que la neurología de uno suene como un accesorio que se puede agregar o quitar cuando sea necesario, lo que por supuesto es imposible. La mejor opción es preguntarle a cada individuo qué es lo que prefiere.

Todo el mundo tiene algunos rasgos autistas porque los rasgos autistas son rasgos humanos. Pero no todos somos autistas, por lo que sería perjudicial y erróneo sugerir eso.

El símbolo del infinito es el símbolo preferido de las personas autistas. Los colores del arco iris también se utilizan a menudo para representar el espectro del autismo. Obtenga más información en sensationalstims.com o en Facebook e Instagram @sensationalstims.

Acerca del autor y del ilustrador

Erin García es una educadora pública y escritora alista en California, donde vive con su familia. Su apellido de soltera es Dieterle, que se traduce aproximadamente del alemán como "pequeño guerrero del pueblo". Es coautora de Tiger Livy y fundó Infinite Inclusion Inc., una organización sin fines de lucro dedicada a hacer la vida más inclusiva a través del arte. La misión de Erin es crear aliados entusiastas que cultiven la empatía en sus comunidades. The Case of Sensational Stims se inspiró en este ideal. Obtenga más información sobre qué más está haciendo Erin en eringarciabooks.com.

Christian Bajusz es un artista en el espectro del autismo que vive en Virginia. Su apellido significa "bigote" en húngaro. Cuando tenía siete años, aprendió a dibujar por sí mismo estudiando dibujos animados clásicos como Mickey Mouse y Popeye, y ha estado trabajando duro desde entonces. Sueña con tener su propia serie de dibujos animados algún día. Cuando no está dibujando, Christian disfruta investigando y creando archivos de programas de televisión antiguos. Si quieres ver sus últimos trabajos, búscalos en Twitter @CDCBsVCR.

www.ingramcontent.com/pod-product-compliance
Lightning Source LLC
Chambersburg PA
CBHW061115070526
44583CB00027B/3304